第1季
红柠檬国际大奖绘本

Les Deux

L'Arbre de vie

生命之树

[法] 帕特里克 · 菲施曼 著
[法] 马蒂娜 · 布尔 绘
波波派 译

时代出版传媒股份有限公司
安 徽 少 年 儿 童 出 版 社

著作权登记号：皖登字12141364号

Les Deux Vieux & L'Arbre de Vie
Author(s) : Patrick Fischmann
Illustration(s) : Martine Bourre

图书在版编目（CIP）数据

生命之树 / (法) 菲施曼著 ; (法) 布尔绘 ; 波波派译. — 合肥 : 安徽少年儿童出版社, 2014.12
（红柠檬国际大奖绘本 · 第1季）
ISBN 978-7-5397-7605-7

Ⅰ. ①生… Ⅱ. ①菲… ②布… ③波… Ⅲ. ①儿童文学 – 图画故事 – 法国 – 现代 Ⅳ. ①I565.85

中国版本图书馆CIP数据核字(2014)第238132号

HONG NINGMENG GUOJI DAJIANG HUIBEN DI 1 JI SHENGMING ZHI SHU
红柠檬国际大奖绘本 · 第1季 · 生命之树

[法]帕特里克 · 菲施曼 著　马蒂娜 · 布尔 绘　波波派 译

出版人：张克文　总策划：张克文　选题策划：梦溪今典
执行策划：牛硕　责任编辑：何正国　版权运作：古宏霞 芮嘉
特约编辑：李香丽　装帧设计：冯静 刘蕾　责任印制：田航
出版发行：时代出版传媒股份有限公司 http://www.press-mart.com
安徽少年儿童出版社 E-mail:ahse1984@163.com
新浪官方微博：http://weibo.com/ahsecbs
腾讯官方微博：http://t.qq.com/anhuishaonianer（QQ：2202426653）
安徽省合肥市翡翠路1118号出版传媒广场 邮政编码：230071
市场营销部电话：（0551）63533521（办公室）　63533531（传真）
（如发现印装质量问题，影响阅读，请与本社市场营销部联系调换）
印　制：北京缤索印刷有限公司
开　本：787mm×1092mm　1/12　印张：3
版　次：2014年12月第1版　2014年12月第1次印刷
ISBN 978-7-5397-7605-7　定价：29.80元

这是一本关于生命的书，更是一本关于爱的书。

献给梅丽娜。

——帕特里克·菲施曼

献给米歇尔。

——马蒂娜·布尔

森林里的空地上有一座小木屋，
里面住着一位老爷爷和一位老奶奶。
老爷爷不是砍柴，就是看那些树木与小鸟，
要不就在他的魔法书里画上猫头鹰和敏捷的松鼠。
老奶奶采果子，烧茶水，做果酱。

老爷爷不在家的时候，

老奶奶就喜欢把他那本大书这里翻翻，那里看看。

老奶奶去林子里的时候，

老爷爷就把手指浸到果酱里，偷偷吃一点儿，可开心了。

日子一天天过去，月儿落了又升起……

一天早上，老爷爷看见桌子下有一粒种子。
“老伴儿，”他喊起来，“老伴儿，别扫了！”
老奶奶那个高兴哟！
家务活丢一边去，她不干啦。
因为有更重要的事情，不是吗？

过了一阵子，老奶奶对老爷爷说：
“你看到它在桌子下啦？”
“当然喽！”
一棵小树苗已经长起来了，头都顶到小桌板了。

“那就这么着吧！”老爷爷说。

“就这么着吧！”老奶奶也说，“顺其自然吧，老头子！”

老爷爷在木箱里找出了他的斧子，

走到小树旁，把桌子劈成了两半。

从那天起，他们就在膝盖上吃饭了。

不过这没那么重要。

重要的是，小树在生长！

日子一天天过去，月儿落了又升起……

小树在他们家可自在了。

它已经长大了，它的头很快就要碰到屋顶了。

“那就这么着吧！”老爷爷说。

“说得没错，”老奶奶答道，

“顺其自然吧，老头子！”

老爷爷在木箱里找出他的斧子，

爬上梯子，捅了捅屋顶。

小树的脑袋探到了屋子顶上，
它听到了外面世界的歌声。
从那天起，它就在老两口的头顶上了，真惹人喜爱。
他们没了屋顶，也没了桌子，
但这不重要。
重要的是，小树在生长！
日子一天天过去，月儿落了又升起……

小树的脑袋已经伸进了天空。

它的身子差不多占满了整个屋子。

一天，老奶奶对老爷爷说：

“看哪，小家伙的脑袋伸到云朵里去啦！”

两个人顾不上腿疼，

很快就爬上了树，

帮他们的树宝宝整理好乱蓬蓬的枝条。

他们把云彩重新放回天空，然后在下面仰着头看。

从树上下来很危险，但这没那么重要。

重要的是……

日子一天天过去，月儿落了又升起……

树干把木屋的地方全占了去。

直到一天晚上，老奶奶盯着天空，对老爷爷说：

“看哪，它的脑袋顶到天了！”

老爷爷什么也没有说，
合上了他的大书。
老奶奶灭掉了热果酱的火。
然后，他们顾不上自己的腿疼，
开始沿着树往上爬。
他们爬了很久，爬得很艰难，
但这没那么重要。
重要的是……

他们来到了树宝宝乱蓬蓬的头顶，
四周都是星星。
老奶奶从围裙里拿出她的勺子，
老爷爷从腰带里抽出他的斧子，
他们像老工人一样，
微笑着敲打天空的硬壳子。

小树于是从天空上的口子钻了出去，
老爷爷和老奶奶跟着它。
他们在星星的森林里找到了一片空地，
住进了一座阳光的小屋里。
这天早上，老爷爷又看见桌子下有一粒种子……

做孩子生命的守护者

儿童阅读推广人　胡皓

初看本书的书名—《生命之树》，容易让人觉得这是一本关于生命的图画书。这不奇怪，因为生命的主题一直以来是儿童文学中常见的题材。但是，静下心来细读故事，你会发现作者想要表达的远远不止生命这么简单。

故事的主人公是一对生活在森林里的老夫妻，为了搭配这个设定，作者特地选用了田园气息浓郁的花布作为创作的材料，搭配撕纸、瓦楞纸等多种材料，增加了画面的趣味性，让读者不由得赞叹绘者的创意。山乡生活清苦平凡，老夫妇倒也自得其乐，老爷爷喜欢画他的“魔法书”，老奶奶的果酱在林间飘香。

一天，一颗种子出现在他们的家里，打破了他们平静的生活。种子最好的生长环境应该是在户外，屋子里的种子会不会长大呢？小小的种子真的长成了树苗，而作者用嫩绿色的剪纸给了这棵小树生命的活力和力量。看到这里，我想很多成人读者都会想到，这棵小树不就是我们自己吗？我们和地球这颗星球不期而遇，就像这粒小小的种子，我们努力生长，慢慢长大，成为这颗星球上的一员。